Recettes SAINES & LÉGÈRES

ARTÉMIS ÉDITIONS

AIGUILLETTES de canard au coulis de fraises

4 personnes	assez facile	préparation : 25 min	cuisson : 30 min

- 500 g d'aiguillettes de canard
- 4 c. à c. d'huile d'olive
- Mélange cinq baies
- 500 g de fraises
- 130 g de sucre en poudre
- Le jus d'un demi-citron
- Fleur de sel

INFO
Le canard est plus riche en fer et en lipides que le poulet. Il est ici accompagné de coulis de fraises, pour un apport garanti en vitamine C et en manganèse.

1 **LAVEZ LES FRAISES,** épongez-les délicatement, équeutez-les puis coupez-les en morceaux. Faites-les cuire avec le sucre et le jus de citron dans une casserole à fond épais 15 min à feu moyen. Laissez tiédir.

2 **DISPOSEZ LES AIGUILLETTES DE CANARD** dans 4 feuilles de papier cuisson. Versez l'huile d'olive dessus. Assaisonnez avec la fleur de sel et le mélange des cinq baies puis fermez les papillotes. Faites-les cuire 15 min à la vapeur.

3 **PENDANT CE TEMPS,** passez la compote de fraises au mixeur jusqu'à l'obtention d'un coulis bien lisse.

4 **PRÉSENTEZ LES AIGUILLETTES DE CANARD** dans de petites assiettes et versez par-dessus le coulis de fraises chaud. Servez l'ensemble avec des haricots verts frais.

ASPERGES meunières, crème battue aux herbes fraîches *

4 personnes	facile	préparation : 35 min	cuisson : 15 min

- 4 grosses asperges
- 2 pointes d'asperges crues et émincées
- 100 g de farine
- 25 g de beurre fondu
- 1 jaune d'œuf
- 1 g de blanc d'œuf
- 10 g d'huile
- 50 g de jus d'orange
- Jus de volaille
- 100 g de lait
- 1/2 sachet de levure
- 50 g de crème fraîche fouettée
- Un quart de botte de cerfeuil
- Vinaigrette
- Sel, poivre

Info
L'asperge est l'un des légumes les moins caloriques. Elle renferme également quantité de fibres, d'oligoéléments et de vitamines (surtout B et E).

1 **Creusez un sillon** sur toute la longueur des asperges. Faites cuire dans l'eau bouillante salée. Rafraîchissez. Faites cuire avec un peu de beurre, le jus de volaille et le jus d'orange.

2 **Faites les blinis :** mélangez la farine, le beurre fondu, le jaune d'œuf et l'huile. Ajoutez le lait et la levure tiédis. Incorporez le blanc d'œuf monté ferme. Laissez reposer 30 min.

3 **Versez une petite louche de pâte** dans une poêle antiadhésive chaude et légèrement beurrée et laissez cuire à feu doux. Faites cuire les autres blinis de la même façon jusqu'à épuisement de la pâte.

4 **Montez la crème fraîche.** Incorporez le cerfeuil concassé dans la crème fouettée. Assaisonnez.

5 **Dressez une asperge par assiette.** Déposez les blinis garnis d'une quenelle de crème battue. Ajoutez quelques lamelles de pointes d'asperges assaisonnées de vinaigrette.

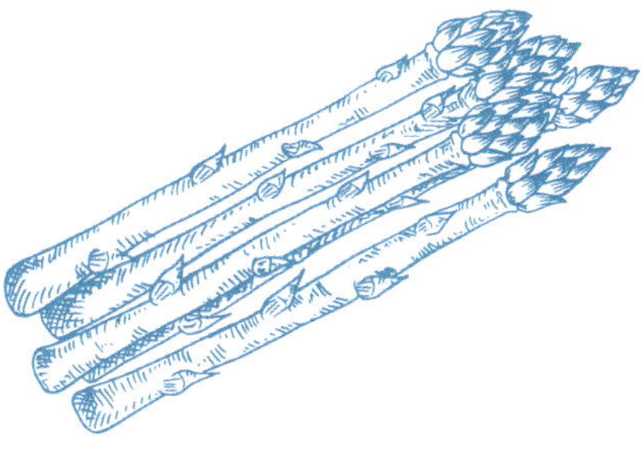

AUBERGINES au pistou *

4 personnes	assez facile	préparation : 20 min	cuisson : 25 min

- 2 aubergines
- 1 c. à s. de pistou
- 2 c. à s. de parmesan râpé
- 1 c. à s. d'huile d'olive
- 1 c. à s. de pignons de pin
- 1 sauce tomate nature
- 25 cl de crème de soja liquide
- Sel, poivre

1 **Épluchez les aubergines** et coupez-les en rondelles. Disposez-les dans une casserole d'eau bouillante salée pendant 10 min. Mettez-les ensuite dans un plat allant au four. Assaisonnez-les avec le pistou et le parmesan râpé. Ajoutez l'huile d'olive. Salez et poivrez. Saupoudrez l'ensemble de pignons de pin. Faites griller 10 min au four sur la fonction gril.

2 **Cinq minutes avant la fin de la cuisson,** versez la sauce tomate et la crème de soja dans une petite casserole et faites chauffer le tout à feu doux. Salez, poivrez légèrement. Servez les aubergines bien chaudes avec la sauce tomate.

Info
Ce plat a un fort pouvoir antioxydant, beaucoup de fibres grâce à l'aubergine ; une bonne dose d'énergie grâce aux pignons de pin ; vitamines et lycopène grâce à la sauce tomate ; fer grâce à la crème de soja et quelques lipides et du calcium grâce au parmesan.

BLANQUETTE de veau légère

4 personnes	facile	préparation : 20 min	cuisson : 2 h

- 800 g d'épaule de veau
- 2 yaourts nature
- 1 carotte
- 200 g de champignons de Paris
- 1 branche de céleri
- 1 oignon
- Sel, poivre

1 **Coupez la viande de veau** en gros dés. Épluchez la carotte et l'oignon. Lavez, essuyez et coupez les champignons en tranches.

2 **Placez les dés de viande** et les légumes dans une marmite, couvrez d'eau et faites cuire pendant 2 h.

3 **Égouttez la viande,** enlevez le céleri, l'oignon et la carotte.

4 **Ajoutez les yaourts** au jus de cuisson, portez à ébullition, assaisonnez, puis ajoutez la viande. Servez chaud.

COURGETTES farcies * aux champignons, au son d'avoine et à l'orge

4 personnes	facile	préparation : 25 min	cuisson : 1 h 10

- 2 échalotes
- 2 gousses d'ail
- 100 g de champignons de couche
- Un demi-bouquet de ciboulette fraîche
- Un demi-bouquet de persil frais
- 80 g d'orge mondé précuit
- 80 g de millet
- 4 courgettes
- 2 c. à s. d'huile d'olive
- 4 c. à s. de son d'avoine
- 1 c. à s. de noix de muscade râpée
- Sel, poivre

Info

Pour cette préparation, de belles courgettes rondes sont à privilégier. Ce savoureux plat convient également aux végétariens.

1 **Épluchez et émincez** les échalotes. Pelez et hachez les gousses d'ail. Émincez les champignons de Paris. Lavez, essuyez et ciselez la ciboulette et le persil.

2 **Versez 30 cl d'eau** dans un poêlon et salez légèrement. Faites cuire l'orge mondé pendant environ 25 min. Versez 20 cl d'eau bouillante dans un autre poêlon, salez également. Faites cuire le millet pendant 20 min.

3 **Faites blanchir les courgettes** à l'eau bouillante pendant 6 min environ, puis évidez-les soigneusement, en veillant à ne pas abîmer leur peau. Recueillez leur chair. Versez l'huile d'olive dans une poêle et faites-la chauffer. Faites revenir la chair des courgettes, puis les échalotes, les gousses d'ail, les champignons, la ciboulette, le persil, l'orge et le millet. Mélangez bien tous les ingrédients pendant leur cuisson.

4 **Salez et poivrez,** puis incorporez le son d'avoine ainsi que la noix de muscade. Mélangez une nouvelle fois et poursuivez la cuisson pendant 6 ou 7 min.

5 **Utilisez la préparation** pour farcir les courgettes. Emballez chaque légume farci, individuellement, dans du papier sulfurisé. Enfournez à 180 °C (th. 6) et laissez cuire de 7 à 8 min.

6 **À la fin de la cuisson,** sortez les courgettes du four, déballez-les et servez-les aussitôt, bien chaudes.

CROUSTILLANTS de sardines à la tomate et menthe fraîche

4 personnes	facile	préparation : 25 min	cuisson : 4 min

- 8 filets de sardines
- 1 tomate
- 4 feuilles de filo
- Mesclun
- 1 c. à s. de crème fraîche épaisse
- 4 c. à s. de menthe ciselée
- Huile d'olive
- Vinaigre balsamique
- Sel, poivre

INFO
Il est vrai que la sardine est grasse, ce que l'on sait moins c'est qu'elle est très riche en oméga-3, en minéraux et en vitamines. Et si certains ont du mal à la digérer, ce ne sera pas le cas dans cette recette, où la menthe fraîche est au rendez-vous.

1 **ÔTEZ LE PÉDONCULE DE LA TOMATE.** Ébouillantez-la, puis refroidissez-la. Ôtez la peau ainsi que les graines, coupez la chair en petits dés.

2 **DANS UN SALADIER,** mélangez les dés de tomates avec la crème, la menthe ciselée, le sel et le poivre.

3 **METTEZ À PLAT UNE FEUILLE DE FILO.** Huilez-la. Placez au centre environ 2 cuillerées de dés de tomate à la crème et 2 filets de sardine par-dessus, puis roulez la feuille de filo. Procédez de la même façon pour les 3 autres croustillants.

4 **PASSEZ LES CROUSTILLANTS À LA POÊLE** avec de l'huile d'olive. En fin de cuisson, égouttez-les sur du papier absorbant.

5 **ASSAISONNEZ LE MESCLUN** avec de l'huile d'olive et du vinaigre balsamique. Dans chaque assiette, déposez un lit de mesclun et ajoutez un croustillant de sardines par-dessus.

FAUX-FILET à la sauce moutarde légère

4 personnes	facile	préparation : 20 min	cuisson : 4 min

- 4 faux-filets de 180 g
- 1 c. à s. de moutarde en grains
- 1 pot de yaourt
- 20 g de beurre
- 1 c. à s. d'huile d'arachide

1 **Faites cuire les faux-filets** dans une poêle avec l'huile et le beurre, selon votre préférence.

2 **Enlevez le gras de la poêle** et ajoutez le yaourt et la moutarde. Portez à ébullition et nappez les faux-filets. Servez.

FILETS de lieu, petite crème de ciboulette *

2 personnes	facile	préparation : 15 min	cuisson : 15 min

- 300 g de lieu en filets
- 1 cube de bouillon dégraissé
- 20 cl de crème fraîche épaisse à 20 % de MG
- 2 c. à s. de ciboulette ciselée
- Sel, poivre

Info
Comme le lieu noir, le lieu jaune est un poisson très maigre qui affiche seulement 1 g de lipides par 100 g de poisson. Les deux sont riches en minéraux (notamment en phosphore) et en vitamines (surtout du groupe B).

1 **Faites cuire les filets de lieu** dans le bouillon pendant 10 min.

2 **D'autre part, faites bouillir la crème** et faites-la légèrement réduire. Salez et poivrez.

3 **Incorporez la ciboulette ciselée,** puis mixez cette préparation.

4 **À la fin de leur cuisson,** égouttez les filets de poisson et disposez-les sur un plat de service. Nappez-les de sauce et servez chaud.

FILETS de loup, pommes frappées à l'huile d'olive *

6 personnes	facile	préparation : 30 min	cuisson : 25 min

- 1 loup de 1,8 kg environ
- 400 g de pommes de terre rattes
- 200 g de petites girolles bien nettoyées
- 20 cl d'huile d'olive + 6 c. à s. pour la vinaigrette
- 20 cl de crème fraîche liquide
- 3 c. à s. de vinaigre balsamique
- Sel fin, fleur de sel, poivre

Info
Le plat santé par excellence qui permet de faire le plein de glucides, de vitamines (C, B2, B3, D), de fibres, de minéraux (magnésium, fer, cuivre, sélénium) sans avaler un zeste de graisses.

1 Faites écailler le loup et lever les filets par votre poissonnier. Retirez soigneusement les arêtes restantes avec une pince à épiler.

2 Faites cuire les pommes de terre en robe des champs à l'eau salée. Pelez-les puis passez-les au presse-purée. Incorporez la crème à chaud. Ajoutez l'huile peu à peu en filet. Salez et poivrez.

3 Préparez la vinaigrette en mélangeant le sel, le poivre, le vinaigre balsamique et 6 c. à s. d'huile d'olive.

4 Faites cuire les filets de loup et les girolles au court-bouillon.

5 Au centre de chaque assiette, mettez une quenelle de purée, déposez un filet de loup dessus et décorez de quelques girolles. Arrosez le tout de vinaigrette. Saupoudrez légèrement de fleur de sel.

FLANS au roquefort et aux amandes *

4 personnes	facile	préparation : 15 min	cuisson : 40 min

- 50 cl de lait
- 150 g de roquefort
- 20 g de farine
- 4 œufs
- 15 g de beurre
- 2 c. à s. d'amandes effilées
- Sel, poivre noir

Info
Le roquefort n'est en effet pas le dernier en termes de calories, de protéines et de lipides. Il renferme en outre pas mal de calcium, de magnésium, de potassium et de zinc, mais également beaucoup de sodium.

1 **Portez doucement le lait à ébullition.** Dans un mixeur, battez le roquefort coupé en morceaux avec la farine. Ajoutez progressivement les œufs entiers, puis le lait tiédi. Mélangez jusqu'à l'obtention d'une préparation homogène. Salez peu et poivrez.

2 **Beurrez 4 ramequins** et versez-y la préparation. Parsemez chacun des ramequins d'amandes effilées. Faites cuire au bain-marie pendant 40 min. Servez les flans au roquefort avec une salade d'endives aux cerneaux de noix.

GALETTES de courgettes au crottin de chèvre, parfum de muscade *

4 personnes	facile	préparation : 20 min	cuisson : 30 min

repos : 10 min

- 500 g de courgettes
- 80 g de flocons de riz
- 2 œufs
- 1 crottin de chèvre
- 2 échalotes
- 50 g de farine de riz complet
- Huile d'olive
- Noix de muscade
- Sel

1 Lavez les courgettes, puis râpez-les grossièrement sans les éplucher au préalable. Mettez-les dans un grand bol, ajoutez les flocons de riz et mélangez bien. Laissez reposer pendant 10 min environ.

2 Cassez ensuite les œufs par-dessus et mélangez. Détaillez le fromage en petits morceaux et ajoutez-les à la préparation.

3 Épluchez et hachez les échalotes. Ajoutez-les également et mélangez encore une fois. Incorporez ensuite la farine de riz, puis assaisonnez de muscade et de sel. Mélangez.

4 Versez un peu d'huile dans une poêle à frire et faites chauffer. Déposez-y une petite portion de pâte et écrasez-la légèrement à la spatule, de manière à former une galette.

5 Faites frire à couvert et sur feu vif pendant 6 min, en retournant la galette à mi-cuisson. Procédez de même jusqu'à épuisement de la pâte.

GRATIN d'endives au jambon *

4 personnes	facile	préparation : 35 min	cuisson : 1 h

- 1 kg d'endives
- Le jus d'un citron
- 50 cl de lait écrémé
- 40 g de fécule de maïs
- 40 g de margarine
- Noix de muscade râpée
- 8 tranches de jambon, dégraissé
- 50 g de gruyère râpé allégé
- 2 c. à s. de chapelure
- Sel, poivre

Info
Voici une version anti-cholestérol d'une recette qui fait partie intégrante du patrimoine gourmand de nos voisins belges. Dans cette variante allégée, le gratin est adapté en mélangeant fromage allégé et chapelure.

1 **Lavez les endives,** puis coupez-les en deux dans leur longueur. Creusez leur base et arrosez-les de jus de citron pour éviter que les légumes ne noircissent. Disposez-les ensuite dans un cuit-vapeur et faites-les cuire pendant 20 min environ. À la fin de cette cuisson, égouttez-les très soigneusement.

2 **Préparez la sauce :** versez le lait dans un bol et délayez-y la fécule de maïs. Versez ce mélange dans une casserole et faites-le bouillir, sans cesser de fouetter légèrement. Faites cuire pendant 1 min, puis retirez du feu. À ce moment, incorporez 30 g de margarine. Salez, poivrez et râpez un peu de muscade au-dessus de la préparation. Mélangez bien.

3 **Réalisez les roulades :** enroulez chaque demi-endive dans une tranche de jambon, puis disposez toutes les roulades ainsi obtenues, côte à côte, dans un plat à four. Nappez de sauce, parsemez de fromage râpé et de chapelure ainsi que du reste de margarine en petits morceaux.

4 **Enfournez à 180 °C (th. 6)** et laissez cuire pendant 35 min environ. Servez chaud.

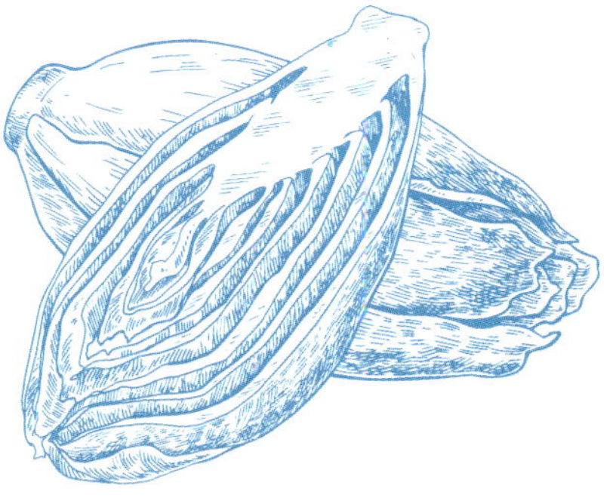

GRATIN de chou-fleur à la feta et aux noix de pécan *

4 personnes	facile	préparation : 45 min	cuisson : 15 min

- 600 g de chou-fleur
- 3 c. à s. de crème de soja liquide
- 50 g de noix de pécan
- 50 g de feta
- Sel

1 **Détaillez les bouquets du chou-fleur** et lavez-les rapidement à l'eau. Faites-les cuire à la vapeur pendant environ 20 min, jusqu'à ce que le chou-fleur soit tendre.

2 **Déposez ensuite les bouquets cuits** dans un plat à gratin et écrasez-les grossièrement à la fourchette, tout en incorporant la crème de soja. Salez modérément.

3 **Déposez les noix de pécan** dans un mortier et écrasez-les au pilon jusqu'à obtention d'une poudre. Écrasez la feta à la fourchette et mélangez-la aux noix de pécan réduites en poudre. Saupoudrez le chou-fleur avec ce mélange.

4 **Enfournez pour environ 25 min** à 180 °C (th. 6), jusqu'à ce que le dessus de la préparation soit gratiné et doré.

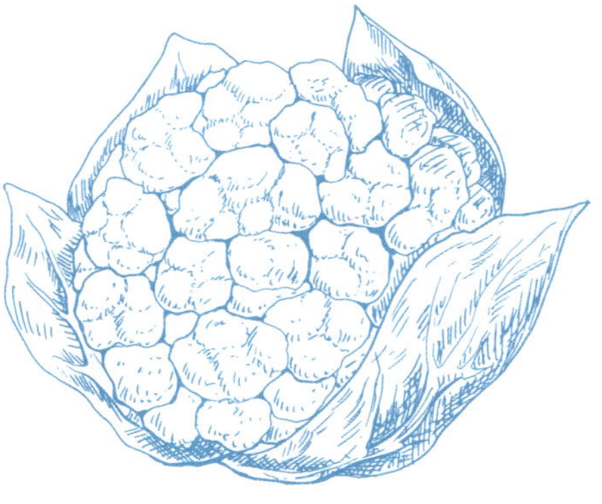

GRATIN de choux de Bruxelles

4 personnes	facile	préparation : 15 min	cuisson : 25 min

- 1 kg de choux de Bruxelles
- 2 ou 3 gousses d'ail
- 1 bol de chapelure fine
- 3 c. à s. d'huile d'olive
- Sel

Info

Le chou de Bruxelles est peu calorique (environ 54 Kcal/100 g), riche en soufre (ce qui peut le rendre indigeste chez certaines personnes), en calcium, en magnésium, en vitamine C et en cellulose.

1 **Parez les choux de Bruxelles,** puis faites-les cuire à la vapeur pendant 15 minutes.

2 **Pelez et hachez les gousses d'ail.** Mélangez-les intimement à la chapelure fine. Incorporez l'huile d'olive, salez et mélangez bien tous ces ingrédients.

3 **Coupez chaque chou de Bruxelles** en deux dans son épaisseur. Disposez-les dans le fond d'un plat à gratin, face coupée tournée vers le haut.

4 **Saupoudrez avec la chapelure** préparée et enfournez sous le gril du four, à 230 °C (th. 7-8), jusqu'à ce que la préparation soit dorée et gratinée. Servez dès la sortie du four, bien chaud.

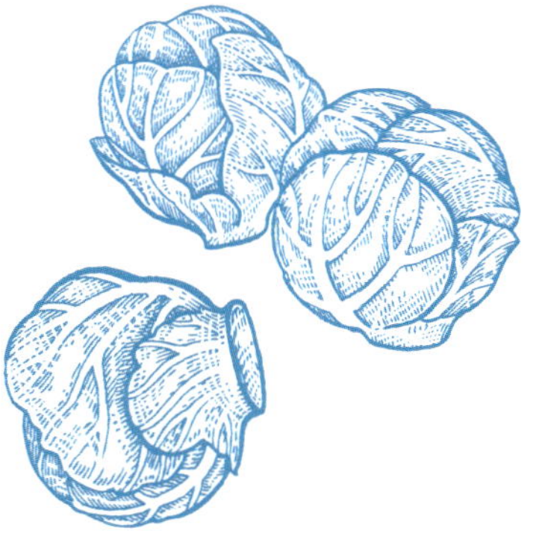

JUS d'artichauts, chantilly noisette

4 personnes	assez facile	préparation : 30 min	cuisson : 50 min

- 8 artichauts camus
- 40 g de noisettes décortiquées
- 15 cl d'huile de noisette
- Le jus de 2 citrons
- 20 cl de crème fraîche liquide
- Sucre en poudre
- Gros sel

Info
Une potion magique pour ceux qui ont des problèmes digestifs, le jus d'artichaut ayant la caractéristique de les résoudre. Quant à la noisette, elle apporte acides gras insaturés et calcium.

1 **Pliez les tiges d'artichauts** sur le rebord de la table et jetez-les. Portez 3 litres d'eau à ébullition. Mettez du gros sel et ajoutez 2 pincées de sucre, le jus de citron, puis les artichauts. Faites cuire à couvert 45 min.

2 **Mettez un saladier 15 min au congélateur.** Préchauffez le four à 180 °C (th. 6). Parsemez les noisettes sur une feuille de papier cuisson. Glissez au four et laissez griller 6 min. Hachez grossièrement.

3 **Égouttez les artichauts** en conservant l'eau de cuisson. Ôtez le foin. Mixez les fonds d'artichauts avec l'huile de noisette en versant au fur et à mesure l'eau de cuisson jusqu'à l'obtention d'un jus onctueux. Réservez au réfrigérateur.

4 **Montez la crème en chantilly** dans le saladier glacé. Mélangez-y les noisettes hachées.

5 **Répartissez le jus d'artichauts** dans des verres et déposez dessus des cuillerées de chantilly noisette. Servez aussitôt.

LASAGNE aux poivrons rouges

8 personnes	facile	préparation : 40 min	cuisson : 45 min

- 10 feuilles de lasagne
- 6 poivrons rouges
- 40 cl de crème fraîche
- 40 cl de lait entier
- 60 g de manioc + 15 cl de lait
- 3 jaunes d'œufs
- Parmesan râpé
- Huile d'olive
- Gros sel

Info

Les lasagnes, comme toutes les pâtes, apportent leurs fameux sucres lents. Leur haute valeur énergétique est compensée par celle, très basse, des poivrons, également pourvoyeurs de fibres, de vitamine C et de carotène.

1 Déposez les poivrons entiers sur des feuilles de papier cuisson. Arrosez-les d'un filet d'huile d'olive et de 10 cl d'eau froide. Refermez-les en papillote. Enfournez à 220 °C (th. 7-8) et laissez-les cuire pendant 30 min.

2 Faites cuire les lasagnes dans une grande quantité d'eau bouillante salée (selon le temps de cuisson indiqué sur le paquet). Égouttez-les et placez-les dans de l'eau avec des glaçons. Faites-les sécher sur un linge.

3 Retirez les queues et les graines des poivrons cuits, puis la peau. Faites sécher les poivrons sur du papier absorbant.

4 Après avoir porté le lait à ébullition, l'avoir très légèrement salé et ajouté la crème, diluez le manioc dans 15 cl de lait froid et versez-le dans le lait et la crème bouillants. Mélangez dans la casserole et faites cuire 2 min en fouettant. Passez la sauce au mixeur plongeant. Incorporez les jaunes d'œufs tout en mixant.

5 Étalez 2 premières feuilles de lasagne dans un plat à gratin. Nappez de sauce et posez une première couche de poivrons rouges. Procédez de la même façon pour le restant des ingrédients. Parsemez de parmesan. Faites gratiner sous le gril chaud du four. Servez chaud.

MÉLI-MÉLO du potager

4 personnes	facile	préparation : 30 min	cuisson : 30 min

- 250 g de champignons de Paris
- 1 citron
- 250 g de brocolis
- 2 navets
- 4 à 6 carottes (selon la grosseur)
- 12 petits choux de Bruxelles
- 25 g de beurre en morceaux
- 1 bouquet de persil frais, haché
- Sel, poivre

INFO
Cette préparation sera bien entendu encore meilleure et beaucoup plus riche en éléments nutritifs avec des légumes fraîchement récoltés dans le potager biologique familial.

1 NETTOYEZ LES CHAMPIGNONS sans les faire tremper dans l'eau. Coupez-les s'ils sont gros. Citronnez-les pour les empêcher de noircir. Parez les brocolis. Pelez les navets avant de les couper en gros dés. Grattez les carottes et coupez-les en dés également. Parez les choux de Bruxelles.

2 DANS UNE CASSEROLE, faites cuire à l'eau les carottes et les navets. Dans une autre casserole, faites cuire les choux de Bruxelles et les brocolis également à l'eau.

3 À LA FIN DE LA CUISSON, mettez ces légumes dans un plat creux, puis ajoutez les champignons. Mélangez délicatement afin de ne pas abîmer les morceaux de légumes, salez et poivrez. Incorporez le beurre en morceaux, parsemez de persil haché. Servez aussitôt.

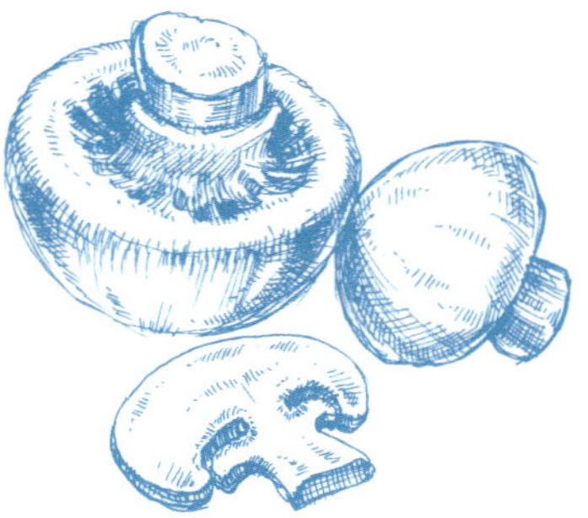

MINI-LÉGUMES croquants à la vapeur de coriandre

4 personnes	facile	préparation : 15 min	cuisson : 7 min

- 1 botte de mini-carottes
- 1 botte de mini-navets
- 1 botte de mini-fenouils
- 1 botte de mini-poireaux
- 1 botte de coriandre
- 1 c. à s. de sel de Guérande
- 2 c. à s. d'huile d'olive

1 **Passez les mini-légumes sous l'eau froide** en les brossant légèrement.

2 **Rincez la coriandre,** égouttez-la, puis hachez les tiges et quelques feuilles.

3 **Dans un cuit-vapeur,** déposez la coriandre hachée avec la moitié du sel.

4 **Faites cuire les mini-légumes** dans le cuit-vapeur pendant 7 min.

5 **Mélangez l'huile d'olive,** le sel de Guérande et le reste de la coriandre, puis nappez-en les mini-légumes et servez.

MUFFINS à la courgette et au fromage grec *

10 pièces	facile	préparation : 20 min	cuisson : 20 min

- 1 courgette
- 60 g de feta
- 3 œufs
- 150 g de farine de riz
- 1 sachet de poudre à lever
- 10 cl d'huile d'olive
- 100 g de lait de soja
- 100 g de lard en lardons
- Huile pour les moules
- Farine pour les moules
- Sel

1 **Lavez la courgette** et râpez-la sans l'éplucher. Réservez. Détaillez la feta en petits dés d'environ 0,5 cm de côté.

2 **Cassez les œufs** au-dessus d'un grand bol et battez-les vivement. Ajoutez la farine, la poudre à lever et une ou 2 pincées de sel. Mélangez bien.

3 **Délayez cette préparation** avec l'huile d'olive, puis avec le lait de soja, jusqu'à l'obtention d'une pâte à muffin. Incorporez le lard, la courgette et la feta. Mélangez délicatement.

4 **Huilez et farinez les moules** à muffins (sauf s'ils sont en silicone) et répartissez-y la pâte, sans dépasser les trois quarts de la hauteur des moules.

5 **Enfournez à 180 °C (th. 6)** et laissez cuire pendant 20 min environ. En fin de cuisson, sortez les moules du four et laissez-les tiédir avant de démouler.

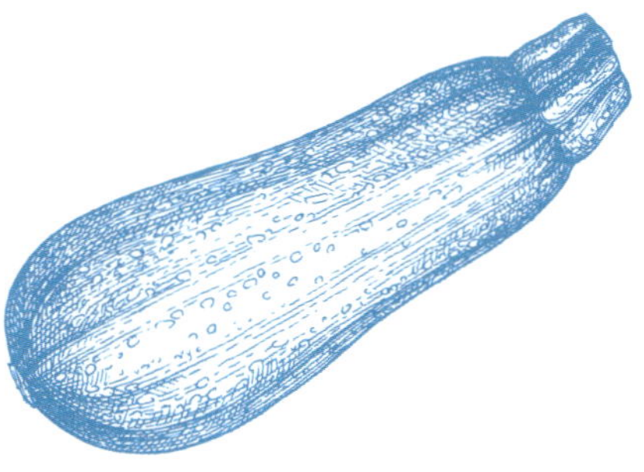

PAUPIETTES de sole au citron et au fenouil *

4 personnes	facile	préparation : 20 min	cuisson : 25 min

- 4 filets de sole de 100 g
- 1 citron
- 6 brins de ciboulette
- 3 c. à s. d'huile d'olive
- 15 cl de fromage blanc à 0 % de MG
- 600 g de bulbes de fenouil

1 **Salez et poivrez les filets de sole,** puis roulez-les en paupiettes.

2 **Prélevez le zeste du citron** et pressez ce dernier.

3 **Coupez les bulbes de fenouil** en deux, enlevez le trognon central et coupez en lamelles fines.

4 **Faites cuire séparément à la vapeur** le fenouil pendant 20 min et les paupiettes de sole sur un lit de zestes de citron pendant 15 min.

5 **Faites chauffer légèrement** le fromage blanc avec le jus de citron, puis assaisonnez.

6 **Dressez les paupiettes** sur un lit de fenouil, nappez de fromage blanc et versez par-dessus un petit filet d'huile d'olive. Servez.

PAVÉS de lieu jaune en croûte verte

2 personnes	facile	préparation : 15 min	cuisson : 10 min

- 50 g de pistaches
- 6 feuilles de basilic frais
- 2 brins de persil frais
- 20 g de beurre
- 1 c. à s. de chapelure
- 2 pavés de lieu jaune
- Sel, poivre

1 **Mettez les pistaches** dans le bol d'un mixeur et ajoutez-y le basilic, le persil, le beurre et la chapelure. Salez et poivrez, puis actionnez l'appareil pour mixer grossièrement.

2 **Disposez les pièces de poisson** sur une plaque à four et recouvrez-les de la préparation, en tassant légèrement.

3 **Enfournez à 180 °C (th. 6)** et laissez cuire entre 10 et 15 min. Servez chaud.

PIZZA maison à l'ail et à la roquette

4 personnes	facile	préparation : 15 min	cuisson : 15 min

- 1 rouleau de pâte à pizza
- 2 gousses d'ail
- 3 ou 4 c. à s. d'huile d'olive
- 2 poignées de roquette
- Parmesan en copeaux

Info

La roquette contient divers composés anti-cancers, mais elle est surtout riche en vitamine K et en vitamine B9. Elle contient aussi de petites quantités de bêta-carotènes.

1 **Étalez la pâte à pizza** sur un plan de travail légèrement fariné.

2 **Pelez les gousses d'ail** et écrasez-les au presse-ail. Mettez-les dans un bol et mélangez-les à 3 ou 4 c. à s. d'huile d'olive.

3 **Versez la préparation** ainsi obtenue sur la pâte à pizza, en veillant à bien l'étaler sur toute la surface de la pâte. Enfournez pour 10 à 15 min environ à 210 °C (th. 7).

4 **En fin de cuisson,** sortez la pâte du four et disposez-y la roquette préalablement lavée et essorée soigneusement. Parsemez de copeaux de parmesan à volonté et servez aussitôt.

POTIMARRON façon hachis parmentier

6 personnes	assez facile	préparation : 15 min	cuisson : 30 min

- 1 potimarron
- 5 pommes de terre
- 1 oignon
- 1 échalote
- 2 gousses d'ail
- 1 carotte
- 400 g de viande de bœuf hachée
- Huile d'olive
- Sel

1 **Épluchez et épépinez** soigneusement le potimarron avant de couper sa chair en cubes. Épluchez les pommes de terre, lavez-les et coupez-les en cubes de la même taille que les cubes de potimarron. Mettez ces deux ingrédients dans un faitout, salez sans excès et couvrez d'eau. Fermez le récipient.

2 **Faites cuire à feu moyen** en laissant l'eau s'évaporer petit à petit. Testez la cuisson des ingrédients en y enfonçant la pointe d'un couteau dès que toute l'eau a disparu : si celui-ci s'enfonce facilement dans les cubes de pommes de terre, la cuisson est idéale. À défaut, ajoutez un peu d'eau et poursuivez la cuisson pendant quelques minutes. En fin de cuisson, mixez cette préparation jusqu'à obtention d'une purée.

3 **Épluchez l'oignon et l'échalote.** Pelez les gousses d'ail. Grattez la carotte. Hachez ensemble ces ingrédients.

4 **Versez un peu d'huile d'olive** dans une poêle et faites chauffer. Sur feu moyen, faites-y revenir le hachis d'oignon, d'échalote, d'ail et de carotte. Mélangez bien en laissant cuire pendant environ 2 min. Ajoutez alors la viande hachée en l'émiettant à la fourchette et poursuivez la cuisson jusqu'à ce que la viande soit cuite.

5 **Disposez la préparation** à la viande dans le fond d'un plat à four et recouvrez avec la purée de potimarron et de pommes de terre. Faites cuire pendant environ 10 min dans un four chaud, à 210 °C (th. 7). Servez chaud.

RISOTTO au safran et au miel

4 personnes	facile	préparation : 20 min	cuisson : 25 min

- 240 g de riz arborio
- 70 cl de bouillon de légumes
- 50 cl de vin blanc
- 40 g de beurre
- 20 g d'huile d'olive
- 40 g de parmesan râpé
- 30 g de miel
- 70 g d'échalotes émincées
- 20 g de jus de poulet
- 2 g de pistils de safran

1 **Faites chauffer** le bouillon de légumes.

2 **Faites suer les échalotes** émincées à l'huile d'olive. Ajoutez le riz et faites-le dorer. Versez le vin blanc et faites réduire. Versez le bouillon de légumes sur le riz sans cesser de remuer. Salez. Après 13 min de cuisson à feu doux, ajoutez le safran. Hors du feu, ajoutez le beurre puis le parmesan.

3 **Avant de servir le risotto,** ajoutez le jus de poulet ainsi que le miel et mélangez. Servez très chaud.

Info
Un plat riche en glucides du fait de la présence de riz arborio et de miel. Des glucides facilement digérés grâce au safran et aux échalotes.

RISOTTO aux cèpes *

4 personnes	facile	préparation : 20 min	cuisson : 40 min

- 300 g de cèpes
- 2 échalotes
- 3 ou 4 c. à s. d'huile d'olive
- 70 cl de bouillon de légumes
- 300 g de riz arborio
- 3 c. à s. de levure maltée
- 3 c. à s. de purée d'amandes

1 **Lavez les champignons** sans les faire tremper, puis émincez-les. Épluchez et hachez les échalotes.

2 **Versez l'huile dans une poêle** et faites-la chauffer. Faites-y revenir les cèpes et les échalotes pendant 10 min environ.

3 **Versez le riz** sur la préparation aux champignons et faites cuire en remuant pendant environ 5 min. Mouillez avec le bouillon, par petites quantités à la fois. N'ajoutez pas de bouillon tant que l'apport précédent n'a pas été absorbé par le riz.

4 **Quand le liquide** est presque tout à fait absorbé, ajoutez la levure et la purée d'amandes. Poursuivez la cuisson pendant 2 min. Servez chaud.

ROULEAUX de dinde aux légumes frais

2 personnes	assez facile	préparation : 25 min	cuisson : 30 min

- 1 carotte
- 1 poireau
- Une demi-courgette
- 4 feuilles de chou vert
- 2 escalopes de dinde
- 1 c. à c. de baies roses
- Bouillon de volaille dégraissé
- Sel, poivre

1 Grattez la carotte et coupez-la en bâtonnets. Lavez et épluchez le poireau avant de le tailler également en bâtonnets. Lavez les courgettes, éliminez les extrémités, puis coupez-les aussi en bâtonnets.

2 Remplissez une casserole d'eau et salez légèrement. Ébouillantez-y les légumes pendant 4 à 5 min.

3 Faites blanchir les feuilles de chou de la manière classique, également dans de l'eau légèrement salée.

4 Sur un plan de travail, disposez deux morceaux de film alimentaire. Sur chaque morceau de film, disposez deux feuilles de chou bien égouttées puis, par-dessus, une escalope de dinde préalablement salée et poivrée.

5 Ajoutez-y ensuite un petit fagot de légumes, mélangés et égouttés. Parsemez chaque préparation avec la moitié des baies roses, puis refermez les paupiettes ainsi formées.

6 Faites cuire les rouleaux de dinde dans un bouillon de volaille dégraissé, pendant environ 25 min. Servez chaud ou froid.

Salade de légumes et de fruits au saumon fumé

4 personnes	facile	préparation : 25 min	cuisson : 20 min

- 4 pommes de terre
- 1 oignon rouge
- 4 tranches de saumon fumé
- 4 pommes légèrement acides

Pour la sauce :

- 3 c. à s. d'huile d'olive
- 1 c. à s. de crème fraîche allégée
- Poivre

INFO
Pour cette préparation, des pommes de terre nouvelles sont à privilégier. Le saumon est riche en bons acides gras oméga-3.

1 **LAVEZ LES POMMES DE TERRE** puis, sans les éplucher, faites-les aussitôt cuire à l'eau pendant 20 min. À la fin de la cuisson, égouttez-les et épluchez-les avant de les détailler en rondelles. Mettez-les dans un plat creux.

2 **ÉPLUCHEZ ET ÉMINCEZ L'OIGNON.** Détaillez les tranches de poisson en lanières. Épluchez les pommes et coupez-les en quartiers. Retirez le cœur et les pépins. Coupez chaque quartier en tranches fines.

3 **AJOUTEZ CES INGRÉDIENTS** dans le plat contenant les pommes de terre. Arrosez d'huile d'olive et de crème, poivrez et mélangez délicatement. Servez frais.

SALADE au duo de pousses, sauce au miel

4 personnes	facile	préparation : 10 min

- 150 g de jeunes pousses de radis
- 150 g de jeunes pousses d'épinards

Pour la sauce d'accompagnement :

- 2 c. à s. de yaourt de soja
- 1 à 2 c. à s. de mayonnaise végétale
- 1 c. à s. de vinaigre de vin blanc
- 1 c. à c. de miel liquide
- 1 c. à s. de coriandre fraîche ciselée
- Sel, poivre

1 **Lavez les pousses de radis et d'épinards** avant de les égoutter soigneusement. Déposez-les dans un grand plat creux.

2 **Préparez la sauce d'accompagnement :** dans un bol, battez ensemble le yaourt de soja, la mayonnaise végétale, le vinaigre de vin, le miel liquide et la ciboulette ciselée. Salez et poivrez.

3 **Versez cette sauce** sur les jeunes pousses, mélangez bien et servez frais.

Info
Le lait de soja est riche en protéines végétales, mais pauvre en lipides, en calcium, en calories et en cholestérol.

SALADE de bœuf rôti, à l'huile de sésame

*

4 personnes	assez facile	préparation : 30 min	cuisson : 15 min

- 300 g de filet de bœuf
- 1 carotte
- 1 concombre
- 1 oignon rouge
- 1 barquette de soja
- 2 pièces de sucrine
- 4 feuilles de chou chinois
- 1 botte de ciboulette
- 1 botte de coriandre
- 1 botte de basilic

Pour l'assaisonnement :
- 1 bâtonnet de citronnelle
- 1/2 c. à c. de purée de piment
- 2 c. à s. de sauce calamars
- 1 c. à c. de sucre
- 2 c. à s. de vinaigre blanc

Info
Une salade très riche en fer, en vitamine B12, en zinc et excellente source de protéines. Les vitamines et les sels minéraux sont apportés par des légumes variés et des herbes. L'huile de sésame est source d'acides insaturés et essentiels.

1 **Dans une casserole,** versez le vinaigre blanc, le sucre, la sauce calamars, la purée de piment et le bâton de citronnelle finement émincé. Faites chauffer jusqu'à ce que le sucre soit fondu. Enveloppez encore chaud (afin de laisser infuser la citronnelle) avec un film alimentaire.

2 **Pelez la carotte** et taillez-la en julienne. Coupez le concombre en deux, ôtez les graines et coupez-le en bâtonnets.

3 **Pelez et taillez l'oignon** en lamelles fines. Émincez finement la sucrine et le chou chinois. Mélangez ces ingrédients dans un saladier avec la barquette de soja. Conservez au frais.

4 **Faites revenir** dans une poêle 300 g de filet de bœuf coupés en tranches minces. Coupez-les en lanières fines. Mélangez aux légumes et assaisonnez avec la sauce.

5 **Dans 4 verrines,** disposez la salade de bœuf. Décorez avec le basilic, la coriandre et les bâtonnets de ciboulette.

SALADE de chou chinois et sauce au yaourt

4 personnes	facile	préparation : 20 min

- Un quart de chou chinois
- 1 carotte râpée
- 1 courgette
- 2 yaourts au soja
- 1 c. à c. de raifort
- 1 c. à c. de persil plat haché
- 1 c. à c. de cerfeuil haché
- 1 c. à c. de ciboulette émincée
- 1 c. à c. de moutarde
- 1 c. à c. de curry
- Sel, poivre

1 **Râpez le vert de la courgette.** Émincez finement le chou.

2 **Mélangez le chou** avec la carotte râpée et le vert de courgette. Assaisonnez et ajoutez le curry. Réservez.

3 **Pour la sauce,** mélangez les yaourts avec la moutarde, les herbes, le raifort et assaisonnez.

4 **Servez la salade de chou** et nappez-la de sauce au yaourt.

Info
Le chou chinois est peu calorique et riche en eau (93 %), il renferme de nombreuses vitamines (C, B6, E) et minéraux (zinc, fer, magnésium, phosphore, etc.).

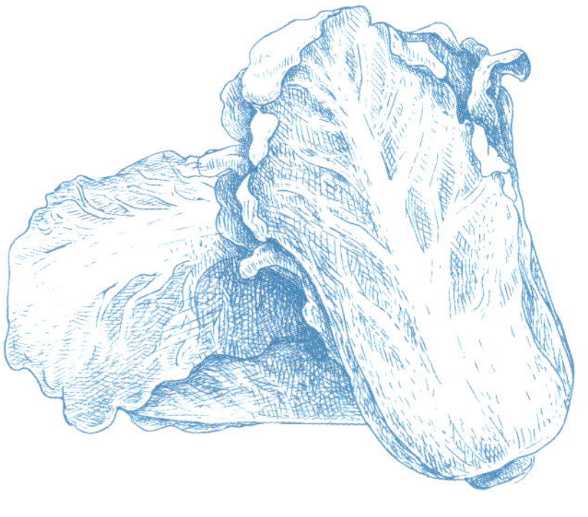

SALADE de crevettes à l'orange

2 personnes	facile	préparation : 15 min

- 1 orange
- 130 g de salade mélangée
- 100 g de crevettes cuites et décortiquées

Pour l'assaisonnement :

- Un demi-oignon
- Un demi-citron
- 1 c. à c. d'huile d'olive
- 1 c. à s. de ciboulette ciselée
- Sel, poivre

1 **Pressez le demi-citron** pour en récupérer le jus. Épluchez et hachez le demi-oignon.

2 **Dans un bol,** mélangez le jus de citron, le sel, le poivre et l'huile d'olive. Ajoutez la ciboulette ciselée et l'oignon haché.

3 **Pelez l'orange à vif** et coupez-la en tranches.

4 **Disposez la salade** sur le fond de chaque assiette individuelle. Répartissez-y ensuite les crevettes et la sauce, puis entourez-les de tranches d'orange. Servez frais.

Info

Les crustacés sont particulièrement riches en protéines et pauvres en lipides. Leur valeur calorique varie de 70 à 100 kcal suivant l'espèce. Leurs apports en minéraux (phosphore, potassium, magnésium, calcium...) sont importants.

SALADE de mâche aux noix et aux figues *

4 personnes	facile	préparation : 20 min	cuisson : 10 min

- 250 g de mâche
- 4 tomates
- 8 figues fraîches
- 150 g de tofu en cubes
- 8 cerneaux de noix
- 4 à 6 c. à s. de vinaigrette aux herbes

1 **Lavez soigneusement la mâche** et essorez-la. Lavez et équeutez les tomates, puis coupez-les en petits morceaux. Coupez les figues en lamelles.

2 **Mettez les petits morceaux de tofu** dans une poêle et faites-les dorer à sec sur toutes les faces.

3 **Mettez la mâche dans un saladier.** Ajoutez-y les tomates, les figues, les noix et le tofu. Arrosez de vinaigrette et mélangez délicatement.

SALADE de tomates du potager, sauce romesco *

4 personnes	assez facile	préparation : 45 min	cuisson : 20 min

- 400 g de tomates assorties (vertes, jaunes, cerises, noires, ananas, cœur-de-bœuf)
- 10 cl d'huile d'olive
- 250 g de tomates-grappes mûres
- 1 pain de campagne
- 50 g de câpres
- 50 g de cornichons au vinaigre
- Une demi-botte de basilic
- 2 échalotes
- Fleur de sel, poivre

Pour la sauce romesco :

- 4 poivrons secs dits romesco (épicerie)
- 100 g d'oignons jaunes
- 3 tranches de pain rassis
- 50 cl de vinaigre de xérès
- 10 cl d'huile d'olive
- Une demi-tête d'ail rose
- 100 g de tomates mûres

1 **Préparez la sauce romesco :** épépinez les poivrons, puis faites-les frire dans une poêle à l'huile d'olive avec le pain. Égouttez. Épluchez et hachez les oignons. Faites-les blondir à l'huile d'olive.

2 **Sur une plaque légèrement huilée,** faites rôtir au gril à 180 °C (th. 6) les gousses d'ail non épluchées et les tomates jusqu'à ce qu'elles soient dorées. Pelez-les.

3 **Épépinez les tomates.** Retirez la peau des gousses d'ail. Passez le tout au mixeur. Ajoutez l'huile d'olive peu à peu, puis le vinaigre pour obtenir une sauce lisse.

4 **Coupez les tomates-grappes en deux** et épépinez-les. Frottez-les sur une râpe pour obtenir la pulpe. Égouttez dans une passoire.

5 **Coupez le pain de campagne en tranches** et toastez-les. Coupez les échalotes en rondelles. Effeuillez le basilic. Coupez les assortiments de tomates en gros morceaux. Ajoutez les cornichons et les câpres. Assaisonnez avec la fleur de sel, le poivre et l'huile.

6 **Disposez les tomates** sur les assiettes. Répartissez le basilic et les rondelles d'échalotes dessus. Accompagnez de la sauce romesco et des tranches de pain tartinées de pulpe de tomates.

SOUPE au potiron, saveur gingembre-curry

6 personnes	facile	préparation : 15 min	cuisson : 20 min

- 4 carottes
- Un quart de potiron
- 2 gousses d'ail
- 2 cm de gingembre frais
- 2 c. à c. de curry en poudre
- 1 pincée de sel gris

1 **Grattez les carottes** et débitez-les en petits morceaux d'environ 2 cm de long. Épluchez le potiron et coupez sa chair en cubes. Pelez les gousses d'ail et fendez-les en deux. Épluchez le gingembre et émincez-le.

2 **Mettez ces ingrédients dans un faitout** et saupoudrez-les de curry. Recouvrez d'eau et ajoutez le sel gris. Couvrez le récipient et faites cuire le tout à feu moyen pendant 20 min environ.

3 **En fin de cuisson,** mixez la soupe et servez chaud.

SOUPE au trio de carottes, aux saveurs d'orange et de thé

4 personnes	facile	préparation : 15 min	cuisson : 1 h

- 1 carotte rouge
- 1 carotte jaune
- 6 carottes orange
- Sucre glace
- 1 c. à s. d'huile d'olive
- Une demi-orange
- 4 g de thé noir fumé
- Sel

1 **Épluchez la carotte rouge,** la carotte jaune et une carotte orange. Au moyen d'un couteau économe, débitez ces trois carottes en fins rubans, dans la longueur. Disposez ensuite ces rubans sur une plaque à four et saupoudrez légèrement de sucre glace. Enfournez pour environ 45 min, à 100 °C (th. 3-4).

2 **Épluchez toutes les autres carottes orange** et débitez-les en rondelles. Versez l'huile d'olive dans une sauteuse et faites-la chauffer. Faites-y revenir les rondelles de carottes.

3 **Zestez la demi-orange,** puis coupez sa chair en morceaux. Ajoutez ces deux ingrédients dans la sauteuse, mélangez bien et ajoutez de l'eau jusqu'à ce que les carottes soient bien recouvertes. Salez la préparation et couvrez le récipient. Poursuivez la cuisson pendant environ 15 min, jusqu'à ce que les carottes soient tendres.

4 **Incorporez le thé** et laissez infuser pendant 2 à 3 min. Transvasez ensuite la préparation dans le bol d'un mixeur et mixez jusqu'à obtention d'une préparation très fine.

5 **Servez dans des assiettes creuses** individuelles et décorez chaque assiette avec les rubans de carotte.

SOUPE de chou rouge à l'ail et au curcuma

6 personnes	facile	préparation : 20 min	cuisson : 20 min

- 1 chou rouge
- 4 gousses d'ail
- 4 tomates
- 2 oignons
- 2 c. à s. d'huile d'olive
- 2 c. à c. de curcuma moulu
- 6 brins de persil hachés
- Gros sel gris

1 **Éliminez les premières feuilles du chou** et coupez celui-ci en cubes grossiers. Pelez les gousses d'ail. Lavez les tomates, éliminez le pédoncule et coupez-les en cubes. Épluchez les oignons et émincez-les.

2 **Versez l'huile dans un faitout** et faites-la chauffer. Ajoutez l'oignon et le curcuma et laissez chauffer à feu moyen. Dès que les oignons sont translucides, incorporez les tomates et les gousses d'ail. Mélangez bien et poursuivez la cuisson pendant 2 min.

3 **Ajoutez le chou** et une pincée de gros sel gris, couvrez d'eau et poursuivez la cuisson encore 20 min environ. Quelques instants avant la fin de la cuisson, incorporez le persil. Dès que la préparation est chaude, mixez-la et servez chaud.

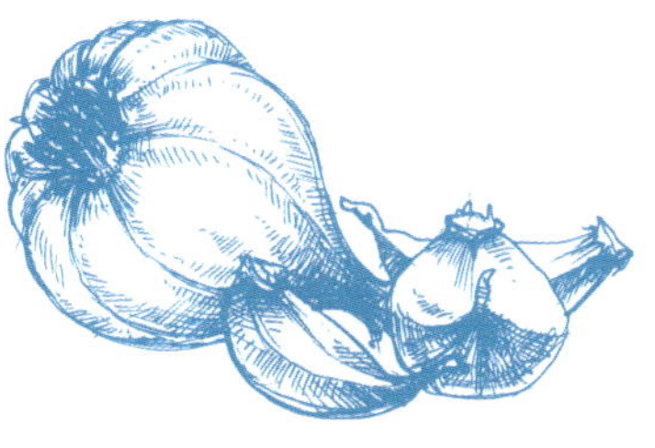

SOUPE estivale à l'avocat et au concombre

4 personnes	facile	préparation : 15 min

- 1 avocat
- Une demi-pomme acide
- 1 concombre
- Quelques feuilles de menthe fraîche
- Sel, poivre

1 **Épluchez l'avocat,** coupez-le en deux et dénoyautez-le. Retirez soigneusement le cœur et tous les pépins de la demi-pomme.

2 **Épluchez le concombre** et coupez-le en deux dans sa longueur. Épépinez soigneusement.

3 **Coupez grossièrement** tous ces ingrédients en morceaux. Mettez-les dans le bol d'un mixeur et couvrez d'eau. Mixez le tout très finement.

4 **Salez et poivrez,** puis répartissez cette préparation dans des assiettes individuelles. Garnissez chaque assiette avec une ou deux feuilles de menthe fraîche et servez très frais.

SOUPE veloutée courge-coco

4 personnes	facile	préparation : 15 min	cuisson : 20 min

- 600 g de courge
- 20 cl de lait de coco
- Sel

Info
Étant très faible en calories, la courge convient à tous les régimes.

1 **Épluchez le morceau de courge** et coupez-le grossièrement en cubes. Mettez-le dans une casserole et couvrez d'eau à hauteur.

2 **Portez à légère ébullition,** puis faites cuire pendant environ 20 min à feu moyen, jusqu'à ce que la chair de la courge soit tendre.

3 **Transvasez cette préparation** dans le bol d'un mixeur et ajoutez-y le lait de coco. Salez modérément et mixez le tout jusqu'à obtention d'une consistance veloutée. Servez aussitôt.

TABOULÉ au boulgour et au persil frais *

4 personnes	facile	préparation : 20 min	cuisson : 15 min

- 40 g de boulgour
- 1 tomate
- 1 concombre
- 1 gousse d'ail
- Quelques feuilles de menthe fraîche ciselée
- 3 à 4 c. à s. d'huile d'olive
- 1 citron
- 2 bouquets de persil plat, ciselé
- Sel, poivre

1 **Mettez le boulgour dans une casserole** contenant 1,5 fois son volume d'eau légèrement salée. Portez à ébullition et faites cuire à gros bouillons jusqu'à absorption complète du liquide. Couvrez alors le récipient et poursuivez la cuisson pendant environ 5 min. Égrainez enfin le boulgour à la fourchette et versez-le dans un bol pour le laisser complètement refroidir.

2 **Lavez la tomate** et retirez le pédoncule. Coupez-la en deux et épépinez-la soigneusement, puis coupez la chair en petits dés.

3 **Lavez le concombre** et, au moyen d'un couteau économe, épluchez-le dans sa longueur, une languette sur deux. Fendez-le en deux sur toute sa longueur et épépinez-le soigneusement à la cuillère. Découpez-le en petits dés.

4 **Mettez les dés de tomate** et de concombre dans un plat creux. Ajoutez la gousse d'ail préalablement pelée et écrasée au presse-ail, puis la menthe ciselée. Arrosez le tout d'huile d'olive et de jus de citron. Salez, poivrez et mélangez bien.

5 **Terminez la préparation** en incorporant le persil et le boulgour. Mélangez une nouvelle fois et réservez au frais jusqu'au moment de déguster.

Tarte fine vitaminée

6 personnes	facile	préparation : 20 min	cuisson : 30 min

- 1 rouleau de pâte brisée, ou de pâte express
- 250 g de fromage frais
- 1 c. à c. de moutarde
- 1 jaune d'œuf
- 5 cl de lait
- 250 g de tomates-cerises
- 250 g de brocolis
- Sel, poivre

1 **Étalez la pâte** sur un papier sulfurisé et déposez l'ensemble sur votre plaque de cuisson. Piquez le fond de quelques coups de fourchette. Rabattez légèrement les bords en les pinçant du bout des doigts.

2 **Disposez sur le fond de pâte** un nouveau disque de papier sulfurisé et recouvrez-le de billes de cuisson.

3 **Faites cuire la pâte à blanc** pendant 10 min dans un four chaud à 180 °C (th. 6).

4 **Pendant ce temps,** écrasez à la fourchette le fromage et la moutarde, puis incorporez le jaune d'œuf et le lait. Salez, poivrez et mélangez bien.

5 **Rincez et coupez les tomates-cerises** en quatre. Lavez les brocolis et détaillez-les en petits bouquets (ne pas garder les pieds). Plongez-les ensuite dans un grand volume d'eau bouillante pendant 5 min (ils doivent rester bien craquants).

6 **Étalez sur le fond de tarte** cuit et tiédi la crème de fromage. Parsemez de brocolis et de quartiers de tomates-cerises.

7 **Enfournez à nouveau** à 180 °C (th. 6) pendant 20 min, puis dégustez.

TOMATES en millefeuille, anchois et ricotta *

2 personnes	facile	préparation : 10 min	cuisson : 5 min

- 2 tomates
- 80 g de ricotta
- 1 c. à s. d'huile d'olive
- 1 c. à s. de jus de citron
- 6 filets d'anchois égouttés
- Aneth ciselée
- Persil ciselé
- Poivre

1 **Lavez les tomates,** puis coupez un « chapeau » sur le dessus de chaque tomate. Découpez ensuite chaque tomate en deux tranches épaisses (pour obtenir quatre tranches au total), horizontalement.

2 **Dans un bol,** mélangez bien l'huile d'olive, la ricotta, le jus de citron et les herbes ciselées.

3 **Disposez une tranche de tomate** au centre de chaque assiette individuelle, puis garnissez de filets d'anchois. Poivrez à votre goût.

4 **Poursuivez le montage du millefeuille** en recouvrant la couche d'anchois par une deuxième tranche de tomate, puis avec la préparation au fromage. Terminez le montage en disposant le chapeau des tomates sur chaque millefeuille. Servez frais.

TOMATES farcies légères

4 personnes	facile	préparation : 20 min	cuisson : 1 h 5

- 4 grosses tomates
- 100 g de boulgour
- 1 oignon
- 100 g de champignon de Paris
- 1 œuf
- 5 brins de coriandre frais
- 5 brins de persil
- Sel, poivre

1 **Coupez le chapeau des tomates,** enlevez la chair à l'aide d'une cuillère.

2 **Faites cuire le boulgour** à la vapeur pendant 35 min.

3 **Hachez les herbes,** l'oignon et les champignons. Mélangez l'œuf, le boulgour, les herbes et les champignons, puis garnissez-en les tomates.

4 **Placez les tomates dans un plat** allant au four, versez par-dessus la pulpe de tomates et remettez les chapeaux.

5 **Faites cuire au four** pendant 40 min à 200 °C (th. 6-7). Servez.

VELOUTÉ au duo de céleris

4 personnes	facile	préparation : 20 min	cuisson : 40 min

- 800 g de céleri-rave
- 2 branches de céleri (avec les feuilles)
- 3 c. à s. de crème fraîche épaisse, allégée
- Sel, poivre

1 **Préparez les deux céleris.** Épluchez soigneusement le céleri-rave et coupez-le en dés. Lavez les branches du céleri. Émincez les branches et réservez les feuilles.

2 **Mettez ensuite les deux céleris** ainsi préparés dans une cocotte et couvrez avec 50 cl d'eau. Portez le tout à ébullition et laissez frémir pendant 30 à 35 min.

3 **À ce moment,** mixez la préparation jusqu'à l'obtention d'une purée. Ajoutez-y la crème fraîche. Laissez épaissir le tout. Ajoutez encore la moitié des feuilles de céleri réservées, salez et poivrez.

4 **Versez la préparation** dans une soupière et décorez le dessus avec le reste des feuilles de céleri.

Info
Pauvres en sucres, les céleris sont, en revanche, riches en vitamines, en minéraux et en fibres.

ANANAS rôti et sa glace au yaourt

4 personnes | facile | préparation : 20 min | cuisson : 1 h 30
congélation : 3 h

- 1 ananas victoria
- 1 gousse de vanille
- 1 clou de girofle
- 4 yaourts à 0 % aromatisés à l'ananas

INFO
L'ananas est recommandé dans les régimes pauvres en graisses et riches en fibres. C'est une bonne source de vitamine C et une excellente source de manganèse.

1 **VERSEZ LES YAOURTS DANS UN PLAT,** puis mettez-les au congélateur pendant 3 h au minimum. Mélangez toutes les 30 min avec un fouet.

2 **PRÉCHAUFFEZ LE FOUR** à 125 °C (th. 4-5). Coupez le plumet de feuilles de l'ananas. Épluchez l'ananas de haut en bas en retirant les yeux.

3 **FENDEZ LA GOUSSE DE VANILLE** dans la longueur avant de la couper en 2. Incisez l'ananas à intervalles réguliers avec un couteau. Glissez-y les morceaux de gousses de vanille. Piquez le clou de girofle dans l'ananas.

4 **ENVELOPPEZ L'ANANAS** dans plusieurs couches de papier cuisson bien serrées. Roulez les extrémités. Posez l'ananas dans un plat à cuisson. Faites cuire 1 h 30 au four.

5 **RETIREZ LE PAPIER.** Coupez l'ananas en tranches. Déposez une boule de glace au yaourt sur chaque assiette et accompagnez de quelques tranches d'ananas rôties encore tièdes.

CLAFOUTIS minceur

4 personnes	facile	préparation : 15 min	cuisson : 5 min

- 500 g de cerises
- 3 œufs
- 70 g de sucre en poudre
- 3 c. à s. de farine
- 250 g de fromage blanc à 0 % (ou à 20 %)
- 1 ou 2 c. à s. de caramel liquide
- 1 pincée de cannelle en poudre

1 **Rincez et épongez les cerises.** Dénoyautez-les et conservez le jus qui s'en écoule.

2 **Déposez-les dans un moule** ou répartissez-les dans plusieurs petits.

3 **Dans une terrine,** fouettez ensemble les œufs entiers et le sucre versé en pluie. Quand le mélange blanchit, saupoudrez-le avec la farine et mélangez.

4 **Ajoutez le fromage blanc** et mélangez bien. Terminez par le caramel liquide et la cannelle.

5 **Versez la pâte** obtenue sur les cerises.

6 **Enfournez et laissez cuire,** sans couvrir, dans le four à micro-ondes pendant 5 min, à puissance maximale. Laissez reposer pendant 3 min.

7 **Servez le clafoutis** minceur, tiède.

CRÈME au duo d'agrumes, à l'eau de fleur d'oranger

2 personnes | facile | préparation : 20 min | cuisson : 15 min

- 1 demi-orange
- 1 citron jaune
- 5 cl de crème fraîche
- 15 cl de lait demi-écrémé
- 2 jaunes d'œufs
- 1 c. à s. de sucre
- Quelques gouttes d'eau de fleur d'oranger

Info
Comme les zestes sont utilisés, il est impératif de privilégier des fruits biologiques, non traités.

1 **Prélevez le zeste** de la demi-orange et celui du citron. Hachez-les très finement.

2 **Versez la crème et le lait** dans une casserole à fond épais et faites chauffer jusqu'à légère ébullition. À ce moment, retirez la casserole du feu et ajoutez-y les jaunes d'œufs ainsi que le sucre. Incorporez le zeste d'orange et de citron et quelques gouttes d'eau de fleur d'oranger.

3 **Répartissez la préparation** dans des petits ramequins individuels. Enfournez à 180 °C (th. 6) et laissez cuire environ 15 min.

JUS de banane au lait de coco

4 personnes | facile | préparation : 10 min

- 4 bananes bien mûres
- Le jus d'un citron jaune
- 20 cl d'eau minérale
- 30 cl de lait de coco en boîte

Info
Une boisson nourrissante et énergétique, la banane possédant ces deux qualités, mais également bonne pour renforcer le système immunitaire et favoriser la santé cardiaque et celle des os, grâce au lait de coco.

1 **Pelez les bananes.** Coupez-les en rondelles et mettez-les dans un blender avec le jus de citron. Ajoutez de l'eau minérale jusqu'à obtenir une consistance très légèrement onctueuse.

2 **Mélangez le lait de coco** avec 2 cuillères d'eau minérale.

3 **Répartissez le jus de banane** dans 4 verres. Déposez dessus à l'aide d'une cuillère le lait de coco. Plantez 2 pailles dans chaque verre. Sirotez aussitôt.

MILK-SHAKE au lait d'amande et aux deux fruits frais

2 personnes	facile	préparation : 10 min

- 1 banane
- 120 g de fraises
- 2 c. à s. de purée d'amandes
- 20 cl de lait d'amande
- Quelques gouttes de jus de citron

1 **Épluchez la banane** et coupez-la en rondelles. Lavez rapidement les fraises, puis équeutez-les.

2 **Mettez ces ingrédients dans le bol** d'un mixeur, puis ajoutez la purée d'amandes, le lait d'amande et le jus de citron. Mixez bien le tout jusqu'à obtention d'une consistance légère, lisse et mousseuse.

3 **Répartissez-la immédiatement** dans les verres et servez aussitôt, bien frais.

MOUSSE légère de framboises au tofu

6 personnes	facile	préparation : 20 min

- 500 g de framboises fraîches
- 250 g de tofu
- 2 c. à s. de sucre de canne complet

1 **Lavez rapidement les framboises** et versez-les dans le bol d'un mixeur. Ajoutez le tofu et le sucre de canne. Mixez ensemble tous ces ingrédients, jusqu'à obtention d'une légère mousse.

2 **Versez celle-ci** dans des coupelles individuelles et servez frais.

Info

En fonction des saisons et de la richesse des étals, ce superbe petit dessert, facile et rapide à réaliser, peut être composé d'autres fruits de saison. Les fraises conviennent à merveille, ainsi que les abricots, les poires ou les figues. Peu calorique, le tofu apporte une petite touche de légèreté à cette préparation.

MOUSSE légère au chocolat *

4 personnes | facile | préparation : 15 min | cuisson : 10 min
réfrigération : 30 min

- 100 g de chocolat noir en morceaux
- 1 tasse de crème fraîche allégée
- 20 g de margarine aux oméga-3
- 1 sachet de sucre vanillé
- 3 blancs d'œufs
- Sel

1 **Mettez le chocolat** dans une petite casserole et faites-le fondre au bain-marie.

2 **D'autre part,** versez la crème dans une autre casserole et portez-la jusqu'au point d'ébullition. Versez-la ensuite sur le chocolat fondu et mélangez délicatement.

3 **À ce moment,** incorporez la margarine et le sucre vanillé à la préparation. Mélangez bien et lissez la préparation.

4 **Mettez une pincée de sel** dans les blancs d'œufs et montez-les en neige bien ferme, puis incorporez celle-ci à la préparation au chocolat, en la soulevant au fouet pour bien mélanger.

5 **Réservez au moins 30 min** au frais avant de servir.

NAGE de mandarines aux épices

4 personnes	facile	préparation : 10 min	cuisson : 5 min

infusion : 6 h

- 8 mandarines (avec leurs feuilles)
- 6 gousses de vanille fendues et grattées
- 1 litre d'eau
- 200 g de sucre
- 3 bâtons de cannelle
- 8 pistils de safran
- 20 g de poivre noir en grains
- 4 étoiles de badiane

INFO
Le dessert pour effacer les coups de fatigue, riche en vitamine C, en carotènes et peu calorique, à l'image de la mandarine. Safran et badiane facilitent la digestion.

1 **LAVEZ LES MANDARINES.** Faites une incision sur le pourtour de chacune d'entre elles. Pelez à vif la partie supérieure des mandarines. Piquez-les d'une demi-gousse de vanille. Réservez.

2 **DANS UNE CASSEROLE,** versez l'eau avec le sucre, 2 gousses de vanille fendues et grattées, les bâtons de cannelle, les pistils de safran, le zeste des mandarines, le poivre noir, les étoiles de badiane et 6 feuilles de mandarinier. Portez à ébullition pendant 3 min. Laissez infuser à couvert hors du feu. Réservez au froid pendant 6 h au minimum.

3 **PLACEZ LES MANDARINES** dans un saladier, ajoutez le sirop aux épices et aux feuilles de mandarinier. Servez bien frais.

PANNA COTTA allégée

4 personnes | facile | préparation : 11 min | cuisson : 5 min
réfrigération : 4 h

- 3 feuilles de gélatine
- 40 cl de crème fraîche liquide allégée
- 10 cl de lait demi-écrémé
- 2 c. à s. de sucre en poudre
- 1 gousse de vanille

1 **Mettez la gélatine dans un bol** d'eau froide et faites-la ramollir pendant 10 minutes. Ensuite, essorez très soigneusement.

2 **Dans une casserole,** mélangez la crème liquide, le lait et le sucre. Ajoutez-y la gousse de vanille fendue en deux dans sa longueur et faites chauffer doucement le tout, sans faire bouillir.

3 **Retirez la gousse de vanille** de la crème et versez cette crème en filet sur la gélatine bien essorée, en mélangeant soigneusement pour la dissoudre complètement.

4 **Répartissez la crème** dans des verrines et laissez refroidir avant de les placer pour environ 4 h dans le réfrigérateur. Servez bien frais.

SALADE de fruits tièdes au basilic

*

4 personnes	facile	préparation : 15 min	cuisson : 6 min

- 4 figues
- 16 cerises juteuses
- 6 prunes
- 1 gousse de vanille
- 1 quinzaine de grains de raisin blanc
- 1 c. à s. de sirop de gingembre
- Le jus d'une orange
- 4 branches de basilic frais
- Sucre brun

1 **Rincez tous les fruits,** puis égouttez-les. Incisez légèrement les figues et équeutez les cerises.

2 **Dans une casserole,** portez de l'eau à ébullition, puis déposez-y les cerises, les prunes, et les figues par-dessus. Ajoutez la gousse de vanille fendue en deux et laissez cuire 6 min.

3 **Pendant ce temps,** disposez les grains de raisin dans un petit saladier. Versez le sucre brun, le sirop de gingembre et le jus d'orange dessus.

4 **Lorsque les fruits sont cuits,** ôtez la gousse de vanille, puis mélangez-les aux grains de raisin. Parsemez-les de basilic fraîchement ciselé.

5 **Servez ce dessert** avec une boule de glace à la vanille.

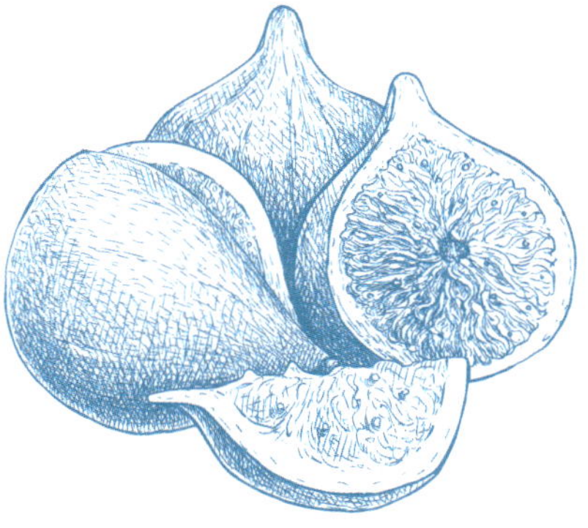

TARTARE de fruits rouges au jus de groseilles

4 personnes | facile | préparation : 20 min | cuisson : 5 min
réfrigération : 20 min

- 200 g de fraises
- 50 g de mûres
- 50 g de framboises
- 30 g de myrtilles
- 330 g de groseilles
- 2 pêches
- 125 g sucre en poudre
- Grand Marnier
- 20 cl de chantilly

INFO
Un cocktail détonant où antioxydants, vitamine C et fibres côtoient potassium, calcium, phosphore et manganèse.

1 **PRÉPAREZ LE JUS DE GROSEILLES :** mettez 300 g de groseilles et le sucre dans une casserole. Portez à ébullition. Passez au mixeur puis au tamis. Réservez au réfrigérateur 20 min.

2 **LAVEZ LES FRAISES,** épongez-les délicatement et coupez-les en gros dés. Épluchez les pêches et coupez-les en gros dés. Mélangez tous les fruits ainsi que les framboises et les mûres, les myrtilles et les 30 g de groseilles restantes. Sucrez et arrosez de Grand Marnier. Mélangez bien.

3 **DRESSEZ LE MÉLANGE DE FRUITS** au centre de chaque assiette à l'aide d'un cercle. Surmontez de chantilly et entourez de jus de groseilles.

TRUFFES au chocolat et fruits de la passion

4 personnes | facile | préparation : 10 min | cuisson : 3 min
repos : 3 h

- 10 fruits de la passion
- 20 g de miel d'acacia
- 350 g de chocolat au lait en morceaux
- 50 g d'huile d'olive
- Cacao en poudre

Info
Une douceur qui procure un plaisir tonique et digeste, le chocolat remplissant très bien ces deux fonctions, tout comme le fruit de la passion, également riche en fer.

1 **À l'aide d'une grande passoire,** extrayez le jus des fruits de la passion.

2 **Dans une casserole,** mélangez le miel et le jus des fruits de la passion. Portez à ébullition.

3 **Versez le jus** sur les morceaux de chocolat au lait, puis incorporez l'huile d'olive.

4 **Versez la ganache** dans un moule rectangulaire pendant 3 h au réfrigérateur.

5 **Coupez en rectangles** puis roulez dans le cacao en poudre. Consommez-les à la sortie du réfrigérateur.

INDEX

Direction éditoriale : Hélène Tellier
Coordination éditoriale : Marion Balbarie
Suivi éditorial : Marine Cornaire
PAO : Francis Rossignol, Isabelle Véret
Photogravure : Bertrand Desboudard

www.editions-artemis.com

ISBN : 978-2-8160-1938-4
N° éditeur : 8160
Dépôt légal : janvier 2022

Achevé d'imprimer : décembre 2021
Imprimé en France par Decombat

Certifié PEFC
Ce produit est issu de forêts gérées durablement et de sources contrôlées.
PEFC 10-31-3162
pefc-france.org

Crédits des illustrations

Shutterstock.com – Angorius : 15 ; Danussa : 16, 23, 32 ; Epine : 6, 11, 14, 25, 39 ; Frimu-Films : 38 ; Hitriy Lis : 47 ; K3Star : 44 ; Lubov Chipurko : 36 ; mamita : 13 ; Marharyta Kovalenko : 42 ; NataLima : 18, 43 ; Qualit Design : 9 ; savitskaya iryna : 34 ; Sketch Master : 2, 8, 17, 19, 24, 27, 35, 45, 46 ; Vector Tradition : 3, 12, 30.